# RÉPERTOIRE
# DRAMATIQUE

## DES AUTEURS CONTEMPORAINS.

N. 153.

*Théâtre des Variétés.*

## LES BOMBÉS,

FOLIE MÊLÉE DE COUPLETS.

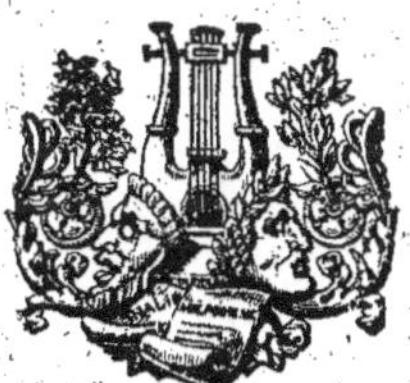

30 CENTIMES.

# PARIS,

HENRIOT ET Cⁱᵉ, ÉDITEURS, RUE D'ENGHIEN, N° 10,

Cʜ. TRESSE, successeur de J.-N. BARBA, Libraire,

Au Palais-Royal, galerie de Chartres,

—

1841.

# DRAMATURGIE

[illegible]

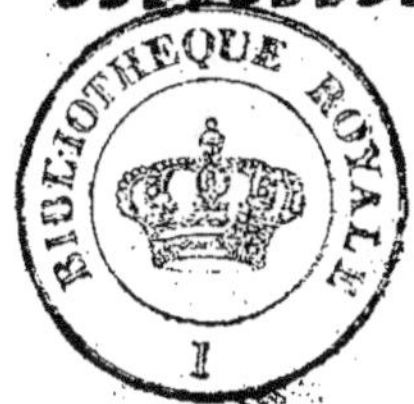


# LES BOMBÉ,

### FOLIE-VAUDEVILLE EN UN ACTE,

## PAR MM. BAYARD ET ÉMILE VANDER-BURCH,

Représentée, pour la première fois, à Paris, sur le théâtre des Variétés,
le 19 février 1841.

## DISTRIBUTION :

| | |
|---|---|
| M. GOBINIER , greffier du commissaire à Issy. (Bossu.) | M. PROSPER. |
| M. RAVINET | M. DUSSERT. |
| Mᵐᵉ RAVINET | Mᵐᵉ HOUDRY. |
| Mˡˡᵉ HORTENSIA RAVINET | Mᵐᵉ MARTIN. |
| MARTIAL, jeune homme à la tête d'une fabrique de savon | M. CARRAT. |
| PICHARD, jeune homme intelligent, sans place. (Un peu bossu.) | M. LEVASSOR. |
| UN PERRUQUIER | M. ÉMILE. |
| UN MAÇON | M. EMMANUEL. |
| UN CAPORAL | M. MAYER. |

La scène se passe chez M. Gobinier, au village d'Issy, près Paris.

Un petit salon, chez M. Gobinier. Au fond, la porte d'entrée ; au dernier plan à gauche de l'acteur, l'appartement de M. Gobinier ; au premier plan, du même côté, une fenêtre donnant sur le jardin. Au dernier plan, à droite de l'acteur, une petite pièce servant de prison. Tables, chaises, cartons, bibliothèque.

## SCÈNE I.
### GOBINIER, RAVINET.

(On sonne au-dehors.)

GOBINIER, accourant, à moitié habillé et en
papillottes.

Voilà !.. voilà !.. que diable ! attendez donc !.. et dire que je n'ai personne pour m'aider, pour ouvrir, pour... (On redouble.) Mais un moment ! je passe mon gilet !.. J'ai renvoyé ma gouvernante et le commissaire est absent !.. (On sonne.) Voilà ! on ne me laisse pas un moment de repos, sous prétexte que je suis greffier du commissaire de police !.. Voilà ! (Il ouvre.) Que le diable vous...

RAVINET.

Allons donc ! lambin !

GOBINIER, changeant de ton.

Tiens ! c'est mon beau père !.. ou c'est tout comme... dans une heure je serai votre beau-fils. (L'embrassant.) Bonjour, papa.

RAVINET.

Bonjour, mon enfant... Ma femme est à sa toilette, ma fille Hortensia est à la fenêtre, à voir passer...

GOBINIER.

Les passans ?..

RAVINET.

Je crois que oui... depuis trois jours, elle est toujours à regarder à travers les carreaux.

GOBINIER.

C'est qu'elle espère me voir arriver... écoutez donc, un futur, c'est bien naturel... Elle est en toilette pour aller à la mairie... elle doit être bien, hein ?..

RAVINET.

Charmante !..

GOBINIER.

Pauvre petite colombe !.. Et moi, comment me trouvez-vous ?

RAVINET.

Dam !.. quand vous serez habillé...

GOBINIER.

C'est juste... Un instant, beau-père, je m'achève... j'ôte mes papillottes... je me coiffe... Dieu ! quand je pense que dans deux jours ce n'est plus moi qui me bichonnerai.

RAVINET, mettant des gants avec peine.

Ces maudits gants ne veulent pas entrer !..

GOBINIER.

Dites donc ! j'ai vu M. le Maire... il nous marie lui-même... en personne !.. entre autorités, cela se doit : Dame ! on ne marie pas tous les jours le greffier d'un commissaire de police de la banlieue !..

RAVINET.

Avec la fille du plus riche fabricant de blanc d'Espagne de la commune d'Issy !..

GOBINIER, s'habillant toujours.

Et voyez, mon cher M. Ravinet, c'est comme

un fait exprès... les affaires me pleuvent... enfin, c'est le mot, je n'ai pas le temps de me marier.

Air : vaud. de l'Opéra-Comique.

Ah ! qu'un jour d'hymen est affreux !
On court, on s'agite, on s'apprête,
On en a par-dessus les yeux,
On en a par-dessus la tête !
Pas de repos pour le mari,
Surtout s'il est fonctionnaire,
Mais par bonheur, le jour fini,
On n'a plus rien à faire.

RAVINET.

Eh bien ! c'est gentil pour ma fille !

GOBINIER.

Hein ?.. Ah !.. je vais nouer ma cravate.

RAVINET.

Dépêchez-vous, dépêchez-vous... Allons ! bon ! j'ai déchiré mon gant... que c'est désagréable... des gants tout neufs, de 29 sous... aussi, c'est de votre faute, vous n'en finissez pas...

GOBINIER.

Par exemple ! vous vous en prenez à moi ?.. écoutez donc... je n'ai pas l'habitude de nouer ma cravate, moi-même... c'était Josephine, ma gouvernante, qui se chargeait de cela... (Soupirant.) Je l'ai renvoyée !.. dam ! vous l'avez voulu.

RAVINET.

C'est-à-dire, moi... c'est ma femme... quand nous avons été aux renseignemens, on lui a dit sur cette fille des choses...

GOBINIER.

Oui, je sais... qu'elle me cajolait... qu'elle me mijotait... qu'elle bassinait mon lit... c'est vrai, mais quel mal y a-t-il à cela ? des propos... des calomnies... voilà à quoi l'autorité est exposée.

RAVINET.

Le fait est qu'on a mis tout en œuvre pour empêcher votre mariage... On a dit que vous épousiez ma fille pour sa dot.

GOBINIER, à part.

Tiens !.. qu'est-ce qui leur a dit ça ?

GOBINIER.

Jusqu'à vouloir effrayer ma femme et ma fille sur votre...

GOBINIER.

Quoi ?..

RAVINET, touchant son épaule.

Eh oui !.. sur votre...

GOBINIER.

Allons donc !.. vous me faites perdre mon temps... Moi qui sue sang et eau pour mettre ma cravate.

* * *

## SCÈNE II.

LES MÊMES, PICHARD, modestement habillé, quelque propre, un peu bossu. Une petite valise sous le bras.*

PICHARD.

Bien des pardons... M. Gobinier, greffier du commissaire de police d'Issy, est-ce ici ?..

*Gobinier, Pichard, Ravinet.

GOBINIER.

Sûrement, que c'est ici ; c'est moi, que voulez-vous ?

PICHARD.

C'est une lettre de M. Larminois, rue aux Fers, votre cousin qui a un dépôt de sangsues.

GOBINIER.

Un Larminois... Oui, oui, c'est du côté de ma mère... qu'est-ce qu'il me veut ?.. Il prend bien son temps, m'écrire le jour que je me marie ; il est vrai que je ne lui ai pas envoyé de faire part.

RAVINET.

Vous pouvez tout de même lire sa lettre, ça ne vous force pas de l'inviter.

GOBINIER.

C'est juste ; voyons cette missive. (Il laisse sa cravate pendante et prend la lettre.) Cela fait encore un retard. Dire qu'on ne peut pas se marier une fois par hasard tranquillement.

RAVINET.

Eh ! donnez-moi ça... et finissez de vous coiffer.

GOBINIER.

Oh oui !.. merci, papa.

RAVINET, lisant.

» Monsieur et cher cousin,
» J'apprends que vous avez besoin d'un commis qui sache lire et écrire. Le jeune homme ci-inclus réunit ces deux qualités, plus, un peu d'orthographe, de l'intelligence et des mœurs au-dessus de son âge. Il n'a contre lui qu'une légère infirmité ; mais vous ne devez pas y regarder de si près, et j'espère que ma recommandation applanira la difficulté, avec laquelle j'ai l'honneur, Monsieur et cher parent... etc, etc. »

PICHARD.

C'est moi, M. le Greffier ; Jean-Antoine Pichard, vingt-deux ans et demi, exempté de la conscription pour le même motif.

GOBINIER.

Il paraît que vous avez un peu d'orthographe, jeune homme ; ce n'est pas un obstacle... mais quelle est cette infirmité que l'on me recommande aussi ?..

PICHARD.

Bah ! ce n'est pas la peine d'en parler... ça ne se voit que par derrière.

GOBINIER, sans avoir l'air de comprendre.

Passez votre chemin, mon cher, bonjour !..

RAVINET.

Ah ! mon Dieu !.. Mais regardez donc, Gobinier ! il est marqué au B... et d'une façon assez solide.

PICHARD.

Bah ! vous croyez que ça paraît ?

RAVINET.

Il demande si ça paraît ? Il est charmant !..

GOBINIER.

Vous êtes un monstre... allez-vous-en !

PICHARD.

Dam ! que voulez-vous, c'est de nature. (A Ravinet, montrant M. Gobinier.) Mais dites-moi donc, dites-moi donc, il me semble que M. le greffier, qui me reproche... ma chose... Hein ! ça saute aux yeux... elle est d'une taille agréable !

GOBINIER.

Qu'est-ce qu'il dit ? Ne touchez pas !

RAVINET, bas.

Chut ! tais-toi !..

PICHARD.

Tiens ! pourquoi donc ?..

GOBINIER.

Taisez-vous, insolent !..

## SCÈNE III.

LES MÊMES, MARTIAL.

MARTIAL, entrant.

Eh ! bon Dieu ! qu'est-ce donc ?.. Y a-t-il émeute chez le commissaire ? *

PICHARD.

C'est indigne !

GOBINIER.

Encore quelqu'un ? Décidément, c'est une conspiration !..

MARTIAL, surpris.

Une conspiration... à Vaugirard.

RAVINET.

Un guet-apens... Et je vous déclare que je m'en vas tout seul chercher la mariée.

GOBINIER.

Mais, beau-père...

MARTIAL.

Ah bah ! une mariée ?..

RAVINET.

Que diable ! c'est indécent... Quand on n'a pas le temps de se marier, on ne se marie pas... et l'on ne dérange pas une famille honnête.

( Il sort furieux. )

GOBINIER.

Eh bien ! il part ! (Courant à la porte.) Beau-père ! beau-père ! attendez donc !.. Il s'en va !

PICHARD.

C'est bien fait !

MARTIAL, le retenant.

Permettez... Je viens vous faire viser...

GOBINIER.

Demain !.. (Courant à la porte.) M. Ravinet ! Vieil entêté ! M. Ravinet !

MARTIAL.

Comment ! ce brave homme est M. Ravinet ! fabricant de blanc à Issy ?.. et le plus fort joueur de billard...

GOBINIER.

De la banlieue !.. Mon beau-père... attendu que j'épouse sa fille !.. sa fille unique... On m'attend à la mairie... Je vais achever ma toilette et prendre ma canne et mon chapeau ( A Pichard, qui vient à lui. ) Je te défends de remettre les pieds ici, gueux. ( A Martial. ) J'ai bien l'honneur... ( En sortant par la gauche. ) J'en perdrai la tête !

## SCÈNE IV.

PICHARD, MARTIAL.

PICHARD.

Bien ! encore mon épaule gauche qui fait des siennes !

* Gobinier, Ravinet, Martial, Pichard.

MARTIAL.

Sa fille unique ! C'est elle ! c'est Hortensia !

PICHARD.

Et c'est lui qui me reproche ma nature exagérée !

MARTIAL.

Comment ! c'est lui qui me souffle mes amours ?.. ce bossicot !..

PICHARD, se retournant vivement.

Plaît-il ?.. Qui est-ce qui parle de...

MARTIAL.

Pardon ! Monsieur... Je ne parle pas de vous, mais de ce maudit homme, que j'envoie à tous les diables !..

PICHARD.

Vrai ?.. Touchez là... Je l'envoie encore plus loin !.. Un confrère qui se permet de me mesquiner !

MARTIAL.

Un mal bâti qui épouse celle que j'aime !..

PICHARD.

Ah bah ! M^lle Ravinet ?..

MARTIAL.

Eh ! oui, je l'aime !.. Sa mère approuvait mon amour... mais son père, que je n'avais jamais vu, voulait un gendre qui eût un état... Par bonheur, j'avais une succession à recueillir dans mon pays, à Chartres...

PICHARD.

A Chartres ?.. Je connais... j'en ai mangé.

MARTIAL.

Hein ?..

PICHARD.

Dieu ! quels pâtés !

MARTIAL.

Excellens !.. Je reviens enfin pour m'établir et me marier... Avant de chercher à revoir Hortensia...

PICHARD.

Ah ! la Ravinet ?..

MARTIAL.

Je venais pour prendre des renseignemens près de l'autorité locale sur une fabrique de savon que l'on me proposait près d'ici.

PICHARD.

Ah ! vous êtes...

MARTIAL.

Je suis dans les savons.

PICHARD.

Les savons !.. Je connais... j'en ai reçu quelquefois.

MARTIAL.

Et je tombe justement chez mon rival !.. le jour de son mariage !.. C'est un coup de foudre ! Mais ça ne m'étonne pas... j'ai toujours été malheureux !..

PICHARD.

Comme moi !.. Et pourtant vous êtes bel homme, vous !.. Le ciel ne vous a pas mis, comme à moi, les Pyrénées sur les épaules !..

MARTIAL.

Vous dites ?.. Ah ! oui.

PICHARD.

Voilà, Monsieur, voilà l'horrible cause de tous mes malheurs... C'est cette infernale pyramide qui me bouche tous les passages ; quelque chemin que je prenne, je la trouve toujours là, en travers, pour m'empêcher d'arriver. Tout petit, c'était déjà ma pierre d'achoppement... On m'avait surnommé le Taurus, à l'école mutuelle ! Dieu! en ai-je reçu des piles sur la mienne !.. Plus tard, Monsieur, je sentis toutes mes facultés se développer pour les arts... On me trouvait la bosse du théâtre... Malheureusement, j'en avais une autre qui se développait aussi. Né pour être comédien... Oui, je le sens là et là... j'avais de la vocation, et le public m'aurait peut-être aimé un peu... Mais montrez-vous donc en héros, faites donc des passions, jouez donc le drame moderne avec la boîte aux lettres sur le dos ! Je me révoltai, Monsieur ! je voulus être acteur, en dépit de tout... Je m'engage en province, à Chartres... je pars pour risquer le paquet !.. Le directeur, en me voyant, fait une grimace de possédé... il ne veut plus de moi.. Mais je m'en fiche !.. l'engagement était signé... Je répétais bien, Monsieur ! Mes camarades, de mauvais farceurs, s'amusaient à mes dépens. Je m'en fichais encore... Ils m'appelaient : Son éminence !.. je m'en fichais toujours... Enfin, je parus devant le public, ce juge si juste, si généreux !.. En me voyant...

Air de Masaniello.

> J'en tremble encor... quelle avanie!
> Bruit, sifflets, cris, bravo moqueur,
> Non, je crois, jamais tragédie
> N'a fait rire de si bon cœur!
> Payant d'audace, je me pose !..
> Mais c'était un plan arrêté ;
> Le public avait pris la chose
> Tout-à-fait du mauvais côté !

Les pommes commençaient à pleuvoir... et crues! Je ne m'en fichais plus !.. avec des gros sous !.. Je me sauvai dans la coulisse, où l'on riait plus fort que dans la salle.

MARTIAL.

Pauvre garçon !

PICHARD.

Je décampai !.. Adieu, Chartres, son théâtre, ses pâtés !.. De retour à Paris, je cherche un emploi dans les beaux-arts... Impossible !.. toujours sous le même prétexte !.. Mais un honnête bourgeois me prend en pitié, il me propose de me recommander à M. Gobinier... un confrère... Ça devait aller tout seul, ne fût-ce que par esprit de corps !.. Eh bien! non ; il me chasse, parce que je lui ressemble de l'épaule !.. Le fat ! (Martial rit.) Enfin, Monsieur, tel que vous me voyez, il n'y a pas de citoyen plus enfoncé, plus aplati que moi, et je suis sûr que si, dans mon désespoir ( j'y pensais tout à l'heure ) , je suis sûr que si je me jetais dans la rivière, pour en finir, ma coquine de protubérance aurait la vertu du liége et me mènerait faire un voyage d'agrément jusqu'au Hàvre.

(Il se donne un coup de poing sur l'épaule.)

MARTIAL.

Allons! du courage !.. Voyons, je me charge de vous trouver une place.

PICHARD.

Une place ! à moi ?.. Vrai? malgré ma...

MARTIAL.

Eh! que m'importe ?.. Pour peser des caisses de savon, on n'a pas besoin d'être taillé comme un Apollon du Belvéder.

PICHARD.

Comment! c'est chez vous ?.. Oh! le brave jeune homme que vous êtes !

MARTIAL.

Eh! les malheureux doivent se tendre la main !.. Trahi par celle que j'aimais... ou plutôt c'est sa famille qui exige ce mariage, j'en suis sûr.

PICHARD.

Ce mariage ?.. eh bien ! non, il ne se fera pas ! c'est moi qui vous le dit ! quand je devrais faire une émeute dans le quartier... J'y connais du monde... Justement j'ai joué la comédie, avec le vitrier d'à côté, à Grenelle. Ce vieux magot épouser votre maîtresse, une jolie fille... car elle est jolie, n'est-ce pas ?

MARTIAL.

Ciel !.. la voici ! elle est prête... Ils vont partir.

✻✻✻✻✻✻✻✻✻✻✻✻✻✻✻✻✻✻✻✻✻✻✻✻✻✻✻✻✻✻✻✻✻✻✻✻

## SCÈNE V.

PICHARD, MARTIAL, qui se tient d'abord un peu au fond, M<sup>me</sup> RAVINET, RAVINET, HORTENSIA.

RAVINET.

Eh bien! où est donc mon gendre ? Comment! il n'est pas là ?.. Mais M. le Maire est prêt, tous les témoins sont réunis... C'est une chose incroyable !

M<sup>me</sup> RAVINET.

Non, cela n'a pas de nom... (Voyant Martial.) Grand Dieu ! que vois-je?

HORTENSIA,

Ciel ! Martial !

RAVINET.

Comment ! Martial ?.. A qui en avez-vous ?

PICHARD.

Eh bien ! non ! eh bien ! non ! ( Il prend sa valise et sort. — Tout le monde fait un mouvement sur le bruit que fait Pichard en sortant. )

MARTIAL , assez froidement.*

M<sup>me</sup> Ravinet, ma surprise égale au moins la vôtre... Je ne m'attendais certes pas à vous rencontrer ici... surtout pour le motif qui vous y amène.

RAVINET.

Le motif !.. Qu'appelez-vous motif ?.. C'est le bon motif, Monsieur, je vous prie de le croire.

HORTENSIA.

M. Martial... je vous jure... ah ! ce n'est pas ma faute !..

RAVINET.

Qu'est-ce que tout cela signifie ?.. quel est ce mystère ?.. Je veux le savoir.

M<sup>me</sup> RAVINET.

Rien !.. ce n'est rien... des idées !.. Monsieur est trop honnête, trop raisonnable pour abuser en ce moment... quand tout est fini... d'une position...

MARTIAL.

Non, Madame, non... Je me retire, mais

blessé au cœur ; je fais même des vœux pour
celle que j'aimais et qui m'oublie !..

HORTENSIA.

Moi !

RAVINET.

Ah bah ! ah bah !.. je n'y comprends rien.

M^{me} RAVINET.

Silence !.. M. Gobinier !.. mon gendre !..

## SCÈNE VI.

MARTIAL, M^{me} RAVINET, GOBINIER en toilette, HORTENSIA, RAVINET.

GOBINIER.

Ah ! me voilà !.. me voilà !.. Comment, belle belle-mère, vous vous arrêtez ici, chez moi, pour me prendre !.. On n'est pas plus... Ah ! Mademoiselle, que je suis heureux de... Où sont les témoins ?.. où est le garçon de noces ? où est la citadine ?..

RAVINET.

Parbleu ! elle est en bas, la citadine... à quarante sous l'heure, cela va être gentil !..

MARTIAL, bas à M^{me} Ravinet.

C'est là le mari que vous donnez à votre fille ?

M^{me} RAVINET, bas.

Au nom du ciel, taisez-vous donc... un très bon parti.

MARTIAL, de même.

Bon ! Je ne dis pas... mais beau ! Non !

M^{me} RAVINET, de même.

Ma fille est décidée.

GOBINIER.

Votre bras, belle-maman !.. (Apercevant Martial.) Eh bien ! eh bien ! qu'est-ce que vous faites là, vous ?

MARTIAL.

Rien !.. Je ne veux pas sortir sans être le premier à complimenter la mariée sur son bonheur !

HORTENSIA.

Permis à vous, Monsieur !..

MARTIAL.

Sur un choix qui fait honneur à son goût, sur sa fidélité.

M^{me} RAVINET, partant devant Gobinier.

Merci !.. Partons.

(Ils font quelques pas vers le fond.)

HORTENSIA, bas, passant devant Martial.

On vous disait marié ?..

MARTIAL, bas.

Non !.. Je me tuerai !

HORTENSIA, poussant un cri.

Ah !

TOUS, revenant.

O ciel ! quoi donc ?..

RAVINET, la soutenant dans ses bras.

Ah bien !.. ah bon ! elle se trouve mal !

M^{me} RAVINET.

Ma fille !

MARTIAL.

Mademoiselle !

GOBINIER.

Ma femme !.. Eh vite ! une chaise !.. ma femme !..

MARTIAL, lui arrachant la chaise.

Eh ! donnez donc !..

GOBINIER.

Ah mais ! ah mais ! (On entend un grand bruit dehors. Musique à l'orchestre.) Qu'est-ce que c'est que ça ?.. on se bat dans la rue ? (On entend appeler dehors : Le commissaire !) Le commissaire n'y est pas !

M^{me} RAVINET.

Elle revient ! elle revient !

(Le bruit augmente.)

MARTIAL, à Gobinier.

Allez donc voir, Monsieur, allez donc !..

GOBINIER.

Mais, allez vous promener, vous ! Je ne vous connais pas.

(La porte s'ouvre au fond. Pichard paraît vêtu en ouvrier, tout en désordre, et conduit par des gens du peuple.)

## SCÈNE VII.

GOBINIER, PICHARD, entre UN PERRUQUIER et UN MAÇON ; MARTIAL, M^{me} RAVINET, HORTENSIA, RAVINET.

TOUS.

AIR :

Tenez bien, tenez ferme,
Il faut qu'on le renferme ;
Il ferait un malheur.
Je veux qu'on le punisse,
Et qu'ici, la justice
Le frappe avec rigueur.

PICHARD, criant.

Voulez-vous me lâcher, sacristi !.. Je tappe, d'abord !..

GOBINIER.

Le commissaire n'y est pas, allez-vous-en au diable !

TOUS.

Mais, mon greffier !..

PICHARD.

Silence, devant la justice, sac à plâtre ! ou je te donne un renfoncement.

(Il lui enfonce son chapeau sur la tête.)

M^{me} RAVINET.

Viens, ma fille ! Descendons au jardin : le grand air lui fera du bien.

MARTIAL, à part.

Au jardin !.. Si j'osais !..

PICHARD, poussant Martial par le bras.

Eh ! allez donc !

MARTIAL, le regardant.

Hein ?.. Ah bah !

PICHARD.

Chut !..

(Pendant ce qui suit, Martial rejoint les dames.)

## SCÈNE VIII.

LES MÊMES, hors M^{me} RAVINET, HORTENSIA et MARTIAL.

PICHARD, aux gens qui l'entourent et veulent le prendre au collet.[*]

Ah ça ! sacristi !.. voulez-vous me laisser tran-

[*] Gobinier, le Perruquier, Pichard, Ravinet, le Maçon ; voisins au fond.

quille, vous, ou je cogne! Et vlan, et vlan.

(Il cogne à tort et à travers.)

TOUS.

Arrêtez-le! arrêtez-le!..

GOBINIER.

Voyons, finirez-vous?..

PICHARD.

Je m'explique à coups de poing et en riant!.. Je suis bon enfant, vous êtes un honnête homme! un confrère à moi, cristi!

RAVINET.

Comment, comment, un confrère?

PICHARD.

Tiens!.. Et l'épine dorsale donc, papa! (Riant.) Ah! ah! ah!

RAVINET.

Ah oui! ah oui! (Tous rient.) Encore un!..

PICHARD.

Je ris de la chose! Il y en a que ça fait enrager. Moi, j'en ris. Et vous?

GOBINIER.

Vous tairez-vous, drôle... enfin?..

LE MAÇON.

Mon greffier, c'est un guerdin, un révolutionnaire; il m'a jeté mon échelle au milieu de la rue, et, sauf votre respect, il m'a barbouillé la figure de mortier.

GOBINIER.

C'est bon!

PICHARD.

Erreur, erreur!

LE PERRUQUIER.

Magistrat, outre que ce brigand est imbu de boisson, il est entré dans ma boutique, il a dansé sur mes plats-à-barbe, et m'a cassé cinq carreaux.

GOBINIER.

Très bien!

PICHARD.

Du tout, mon autorité, c'est un faussaire; il m'a appelé Bosco et Bossingot.

LE PERRUQUIER.

Par exemple! Il impose à la justice.

LE MAÇON.

Je demande sur sa tête la rigueur de toutes les lois.

GOBINIER.

C'est bon, je vous dis.

PICHARD.

Parce que je suis un peu épaulé!.. Allons donc! chacun sa partie... Je suis épaulé, vous êtes laid, Monsieur est bancal...

RAVINET.

Moi!..

GOBINIER.

Parleras-tu?

PICHARD.

Voilà ce que c'est, mon greffier, la crème des fonctionnaires, voilà ce que c'est! Je m'appelle Narcisse Bombé... ouvrier fileur... il n'y a pas d'affront... Je gagne 3 fr. par jour... j'ai voiture! (On rit.) Je monte derrière; c'est tout comme... J'étais en bonne fortune.

RAVINET, riant.

Vous?

PICHARD.

Oui, moi! cristi! Pourquoi pas? Marqué au B, fichtre! Bambocheur, briocheur et batifo-

leur fini!.. Demandez à mon greffier, il s'y connaît! Nous autres, qui avons la bosse de la volupté, nous avons des passions, et nous en faisons, cristi! Nous vivons de bonnes fortunes... et de pâte ferme! Ah! ah! ah! En a-t-il fait des farces, M. Gobinier!.. en a-t-il fait!.. Toutes les marchandes du quartier, toutes... à commencer par la vôtre, merlan!..

LE PERRUQUIER.

Hein! qu'est-ce qu'il dit?

RAVINET.

Ah bah!.. Mon gendre?

GOBINIER.

Mais non... mais non! Allez-vous croire?..

PICHARD.

Ah oui! il se gênerait... Et sa dernière gouvernante, donc! la grosse rouge! Ah! ah! ah! le gaillard!.. un voluptueux! un *sybarique!..*

GOBINIER.

Te tairas-tu?..

RAVINET, qui, pendant ce qui précède, est venu prier Gobinier.

Dieu! si ma femme entendait...*

GOBINIER.

Mais non, mais non! Enfin, polisson, me diras-tu?..

PICHARD.

M'y voilà!.. ne nous fâchons pas, mon amour d'autorité! je ris toujours. M'y voilà!.. J'étais donc en bonnes fortunes, chez un pâtissier... c'est à deux fins... Moi, j'aime les pâtissières et j'adore les petits gâteaux... Le pâtissier rentre! un mari! ohé! Je me cache dans le four, je saute par la fenêtre, et, en route, je renverse l'échelle de cet animal-là!.. Il se permet de crier... il m'appelle bosco!..

LE MAÇON.

Il n'y avait pas de quoi!..

PICHARD.

Alors, je l'ai rossé, boxé, enfoncé!.. Je vous en fais juge, mon greffier, vous, qui l'êtes, bosco... si l'on vous injuriait!.. si l'on vous cornait aux oreilles: Bosco! vieux bosco! vilain bosco!.. Avec ça que vous aimez à taper... c'est encore un des caractères de nôtre agrément, ça!.. Nous tapons ferme! Et, du temps de votre première femme, avez-vous rossé votre beau-père?..

GOBINIER.

Moi!..

RAVINET.

Hein! qu'est-ce qu'il dit là?..

GOBINIER.

C'est une infamie!.. Si tu te permets encore?..

PICHARD.

Bref! mon autorité, il se fait une émeute dans le quartier contre moi... Ils voulaient tous m'arrêter... Alors, je me révolutionne... je casse les réverbères, je casse les carreaux. Oh! les carreaux! je les déteste! cristi, en ai-je cassé! Guerre aux carreaux! (Ouvrant sa main.) V'là encore une pierre!

TOUS.

Voyez-vous! voyez-vous!

Ravinet, Gobinier, le Perruquier sur le deuxième plan, Pichard, le Maçon; voisins au fond.

PICHARD.

Ils me poursuivent... Je me sauve chez ce perruquier, qui rasait un imbécille... je tombe dans le plat-à-barbe que je casse aussi !.. C'était de la faïence !..

TOUS.

C'est un tapageur !.. Il faut l'arrêter !

PICHARD, prenant Ravinet au collet.

M'arrêter !..

RAVINET.

Mais laissez-moi donc !..

GOBINIER.

Silence !.. justice sera faite !.. Je ferai mon rapport, et, en attendant, je vais renfermer ce drôle au violon... là !..

TOUS, applaudissant.

Bravo ! bravo !..

PICHARD, criant et riant.

Au violon !.. moi !.. C'est donc les battus qui paient l'amende, ici ! à Issy !.. On m'a déchiré ma veste... on m'a appelé Bosco, et vous me mettrez au violon, vous ?.. Je porterai plainte !.. j'ai un frère, mon frère Antinoüs, qui est bel homme !

TOUS, riant.

Vous !.. toi !.. lui !..

GOBINIER.

Arrêtez-le !

TOUS.

Au violon !

M<sup>me</sup> RAVINET, rentrant.

Ah ! mon Dieu ! quel bruit ! quel tapage !

PICHARD.

N'approchez pas !.. Le premier qui me touche, je lui flanque un billet de parterre, gratis et gaîment !.. Laissez-moi passer !.. *Je dine en ville* ! je suis de noce... chez un confrère !.. un farceur, un fricoteur comme moi ! comme Monsieur... Ah ! c'est que quand nous épousons une jeunesse, nous faisons joliment sauter la dot !.. Faut bien se faire une bosse, pour oublier l'autre... N'est-ce pas, mon greffier ?..

M<sup>me</sup> RAVINET.

Qu'entends-je ?

RAVINET.

Que dit-il là ?

GOBINIER, se mettant derrière les autres.

Mais prenez-le donc, lâches !.. Au violon !..

TOUS, se jetant sur lui.

Oui !.. oui !..

PICHARD, se débattant.

C'est arbitraire ! c'est anti-légal ! je demande la légalité, l'égalité et la liberté... Gare les carreaux !..

(Il jette sa pierre et casse un carreau. M<sup>me</sup> Ravinet crie.)

GOBINIER.

Il casse mes carreaux !..

RAVINET.

C'est un scélérat !..

(Pichard lui donne un croc-en-jambe, et le fait tomber.)

PICHARD, riant.

Excusez, papa !

M<sup>me</sup> RAVINET.

Mon mari !



TOUS, l'entraînant.

Au violon ! au violon !..

AIR :

Tenez bien, tenez ferme !
Il faut qu'on le renferme ;
Il ferait un malheur !
Je veux qu'on le punisse !
Et qu'ici, la justice
Le frappe avec rigueur !

PICHARD, criant.

Au secours, mon fonctionnaire !.. mon confrère !.. l'amant de la perruquière !..

GOBINIER.

Prenez donc !.. (Fermant la porte à clé.) Ah ! mon drôle... ah ! je te tiens !.. (Pichard continue à crier et à frapper.) Oui, crie, cogne, ça m'est égal !.. (Aux gens du quartier.) Merci, mes amis, merci !.. Soyez tranquilles !.. Voici la clé ! j'en réponds... Allez ! allez !..

TOUS, reprenant le chœur.

Tenez bien, etc.

(Ils sortent.)

## SCÈNE IX.

GOBINIER, M<sup>me</sup> RAVINET, RAVINET, PICHARD, renfermé.

M<sup>me</sup> RAVINET.

Mais c'est une atrocité !.. A qui en a-t-il donc ?

RAVINET, boitant.

Ah ! le gueux !.. Il m'a cassé quelque chose !

GOBINIER.

Ça ne sera rien, beau-père... Nous vous frotterons.

RAVINET.

Ah ! si ce n'était que ça... mais ce qu'il disait là... des passions, des bonnes fortunes... et l'influence de la...

M<sup>me</sup> RAVINET.

Quoi donc ?.. qu'est-ce qu'il a dit ?

GOBINIER, vivement.

Rien, rien ! (Bas.) Comment, vous croiriez...

PICHARD, frappant à la porte.

M. Gobinier !.. ohé ! ouvrez-moi !.. j'étouffe !

(Il continue à frapper du pied.)

M<sup>me</sup> RAVINET.

Ah ! mon Dieu ! il va sortir...

GOBINIER.

Ne craignez rien... les issues sont closes !.. (Criant.) Va prendre l'air par la fenêtre qui donne sur la cour, manant !

RAVINET.

Je ne reste pas ici, d'abord !.. Partons-nous ? se marie-t-on ? ne se marie-t-on pas ?.. Ah ! mon gendre, si vous avez souvent des scènes comme celle-là !..

M<sup>me</sup> RAVINET.

Je ne viendrai pas vous voir.

GOBINIER.

Mais non, belle belle-mère !.. c'est très rare ! la commune est parfaitement tranquille... (Pichard frappe plus fort.) Te tairas-tu !.. (Revenant.) Ah ça ! et ma future ?

RAVINET.

Oui, oui... ma fille ?

M^me RAVINET.

Elle est mieux, beaucoup mieux !.. elle a voulu rester là, dans le jardin à prendre l'air, quand je suis accourue au bruit... Je vais la chercher.

RAVINET.

Et moi aussi.

GOBINIER.

Non, non... faites-moi le plaisir d'aller en avant, beau-père, entendez-vous ce drôle ! Il est capable de tout briser.

M^me RAVINET.

C'est un enragé !

RAVINET, à Pichard, qui frappe.

Attends, attends, méchant mal bâti !.. Ce n'est pas pour vous que je dis ça, mon gendre !

GOBINIER, lui serrant la main.

Merci !.. Vous préviendrez le poste de la mairie... rien que quatre hommes et un caporal, ça suffira !..

RAVINET.

Hein ? moi ?.. Voilà encore qui est gentil ! Je vais faire l'office de gendarme !

M^me RAVINET.

Oui, oui, Ravinet, au nom du ciel ! vas-y, et que ça finisse.*

RAVINET, passant près de la fenêtre, et poussant un cri.

Ah ! mon Dieu !

GOBINIER, effrayé.

Qu'est-ce qu'il y a ?..

RAVINET.

Là, dans le jardin... un jeune homme qui parle à ma fille !..

GOBINIER.

Plaît-il ?

RAVINET.

Il veut lui baiser la main !.. (Criant à la fenêtre.) Monsieur !.. Monsieur !.. Ah ! bien ! c'est fait !..

GOBINIER.

Bah ! il lui a baisé la main !

M^me RAVINET.

Ah ! ciel ! cours donc !..

RAVINET.

Oui, oui... nous allons voir !..

(Il sort par la gauche en courant.)

## SCÈNE X.

GOBINIER, M^me RAVINET.

M^me RAVINET.

C'est M. Martial !

GOBINIER.

Hein ?.. Martial ?.. Qu'est-ce que c'est que M. Martial ?

M^me RAVINET.

Oh ! ça ne vous regarde pas !

(Pichard frappe.)

GOBINIER.

Mais, belle belle-mère. ;

M^me RAVINET.

Un jeune homme que nous avons connu à Saint-Cloud, et qui avait des prétentions... mais vous avez notre parole.

* Gobinier, M^me Ravinet, Ravinet.

GOBINIER.

Mais oui, mais oui... Eh bien ! il ne manquerait plus que ça.

M^me RAVINET.

Et nos témoins qui nous attendent.

GOBINIER.

Pourvu que le Maire ne s'impatiente pas.

UNE VOIX, en dehors.

M. le Commissaire !

PLUSIEURS VOIX, de même.

Au secours !..

M^me RAVINET.

Des cris de femme !

GOBINIER.

Ne faites pas attention.

LES VOIX, en dehors.

M. le Commissaire !

## SCÈNE XI.

GOBINIER, PICHARD, en fashionable, très mince des jambes et du corps, avec une bosse en pointe au milieu du dos. Il parle en blaisant. M^me RAVINET.

PICHARD, entrant en criant.

M. le Commissaire ?

GOBINIER.

Il n'y a que le greffier.

PICHARD.

Ah ! bien !.. (A la cantonnade.) Vous êtes des canailles !.. oui, des canailles... Prenez garde, je ne ris pas, je suis rageur !

GOBINIER.

Bien !.. nous ne partirons pas !

PICHARD.

Où est cet imbécile de greffier ?

GOBINIER.

Monsieur !..

PICHARD.

Ah ! c'est vous ?.. Je vous reconnais... je ne vous ai jamais vu... mais le signalement est exact. (Le faisant tourner.) Torse moyen-âge... (Lui tendant la main.) Comme ça se trouve !

GOBINIER.

Monsieur, voulez-vous m'insulter ? A qui en avez-vous ?

PICHARD.

C'est une dame qui vient de se trouver mal dans mes bras. (Baissant la voix.) C'est ma maîtresse ! charmante ! des détails délicieux ! (Lorgnant M^me Ravinet.) C'est la vôtre, cette grosse informe ?

M^me RAVINET.

Qu'est-ce qu'il dit ?

GOBINIER.

Mais, Monsieur...

PICHARD.

Il n'y a pas de mal !

GOBINIER, trépignant.

Ah ça ! Monsieur, je suis pressé... je n'ai pas le temps...

PICHARD.

De recevoir ma plainte ?.. ah ! si fait ! ah ! si fait !.. vous le devez, vous êtes payé pour ça !

GOBINIER.

Mais quelle plainte ?..

PICHARD.

Mais la mienne!

GOBINIER, criant.

Mais contre qui?

PICHARD.

Mais contre tout le monde... contre tout le quartier, contre ces manans, ces rustres, ces sauvages!

GOBINIER.

Il n'y a pas de sauvages par ici.

PICHARD, montrant M^{me} Ravinet.

C'est à cause de Madame que vous dites ça?

M^{me} RAVINET.

Hein? il m'insulte!

GOBINIER.

Ah! morbleu, Monsieur!

PICHARD.

Ah! palsambleu, mon cher, vous m'entendrez... Je suis un Bombé... Antinoüs Bombé.

GOBINIER.

Ah bah!

PICHARD.

Comment, ah bah! un fashionnable, un lion, et si vous ne me flanquez tout ce quartier-ci au violon, je vous éreinte, je vous abîme!.. Et allons donc!

GOBINIER.

Mais qu'est-ce qu'on vous a fait?

PICHARD.

Ce qu'on m'a fait?.. On a insulté ma femme, on m'a insulté, on vous a insulté!..

GOBINIER.

Moi?

PICHARD.

Oui, vous... Quand on insulte un homme comme moi, tous les hommes comme moi sont insultés... J'en prends à témoin cette dame, dont vous êtes l'amant!

M^{me} RAVINET.

Mon amant!.. Ah! l'horreur!..

PICHARD.

Il m'a dit que vous étiez sa maîtresse!

M^{me} RAVINET, criant.

Moi!.. Vous avez dit?..

GOBINIER.

Mais non, mais non!.. Voyons, Monsieur, à la fin...

PICHARD.

Je commence. (Regardant M^{me} Ravinet.) Ah! vous n'êtes pas... C'est singulier, j'aurais cru... (Il regarde Gobinier.) Allons donc! Voici ce que c'est... Nous autres, qui sommes taillés en hercules jusqu'aux épaules exclusivement, c'est un malheur!.. Mais nous serions trop beaux, parole d'honneur!

GOBINIER.

Après, après?

PICHARD.

Nous donc, hercules manqués, nous ne paraissons nulle part, sans qu'on s'amuse à nos dépens, sans qu'on se mette à rire de nos formes bibliques, on nous montre au doigt, on se dit en ricanant: (Montrant Gobinier.) Voyez donc les épaules de ce monsieur, quelle montagne russe, c'est un dromadaire!.. (On rit.) Et puis, on nous chante... Depuis long-temps, je me suis aperçu de cet agrément.

M^{me} RAVINET.

C'est agréable!

PICHARD.

Pour sa femme!

GOBINIER.

Au fait... au fait...

PICHARD, à M^{me} Ravinet.

Et vous-même... vous qui êtes une belle femme, si vous donniez le bras à monsieur votre amant...

M^{me} RAVINET.

Mais non!

PICHARD.

Eh bien, à monsieur votre mari...

GOBINIER.

Mais non...

PICHARD.

Eh bien! à monsieur votre père...

GOBINIER.

Bon! son père, à présent!

M^{me} RAVINET.

Mon gendre!

PICHARD.

Ça!.. ce vieux?.. excusez!.. Si vous donniez le bras à votre gendre... vous ou votre malheureuse fille... on ricanerait, on vous montrerait de l'index, hein, ce serait gentil!..

M^{me} RAVINET.

Ce serait affreux!

GOBINIER.

Morbleu! Monsieur, j'en ai assez!

PICHARD.

Et moi donc! palsambleu! j'en ai plein le dos!...et au bal, si vous dansiez avec lui, dans les endroits distingués... au bal Musard... vous en entendriez de belles... (Exécutant les figures.) Dans le chassez-croisez... voici la boule! gare les quilles!.. et puis après ça, le dos-à-dos... c'est le combat des montagnes!.. et s'il se permet l'entrechat! ohé! voilà le ballon qui s'enlève!

GOBINIER.

Je sue... Je sue... Est-ce tout?

PICHARD.

Comment, tout?.. je n'ai pas commencé... Voilà que tout à l'heure, je passe avec une dame, une femme délicieuse (Bas à M^{me} Ravinet.) qui a des bontés pour moi! (M^{me} Ravinet s'éloigne indignée.) Une dame de haute volée!.. faubourg Saint-Germain, je l'ai laissée au café où elle boit un petit verre pour se remettre... Elle me donnait le bras, cette chère amie, quand une foule de manans qui se trouvait là, se met à crier, en nous montrant de l'index, et en ricanant: En voilà encore un!.. marqué au B, comme l'autre!.. Je me retourne avec indignation... on rit plus fort!.. on me fait des gestes indécens, comme ça... (Il répète les gestes.) on prononçait mon nom dans la foule... on disait: C'est son frère!.. c'est un bombé!

GOBINIER.

Ah! c'est que je vais vous dire... je viens d'en mettre un sous clé... là...

PICHARD.

Un Bombé?..

GOBINIER.

Un ouvrier!

PICHARD.

Hercule manqué... comme moi ?

GOBINIER.

M. Narcisse !

PICHARD.

Ah Dieu ! ah ! grand Dieu ! c'est mon frère ! un drôle, un fainéant, un débauché... j'en fais peu de cas... je le rosse souvent, un frère est un ami donné par la nature... je le rosse, mais je l'aime !.. C'est mon frère !.. rendez-moi mon frère !.. ou je mets le feu à votre baraque de maison !*

GOBINIER, à part.

Ah ! une idée !.. (Haut.) Il est là !

PICHARD.

Ouvrez-moi, morbleu ! ou je démolis votre boutique.

GOBINIER ; il ouvre la porte.

Vous demandez Monsieur votre frère ?.. c'est trop juste... donnez-vous donc la peine...

PICHARD.

Merci, magistrat irréprochable ! (Passant à Mᵐᵉ Ravinet.) Vous êtes sa maîtresse... vous ne voulez pas en convenir, mais je l'ai deviné.

GOBINIER, le poussant.

Eh ! allez donc !.. (Fermant la porte.) Ah ! je te tiens !

Mᵐᵉ RAVINET,

Fermez bien !

## SCÈNE XII.

GOBINIER, RAVINET, Mᵐᵉ RAVINET, HORTENSIA.

RAVINET.

Allons, ma fille, allons, du courage !

Mᵐᵉ RAVINET.

Ravinet !.. Eh ! viens donc !

GOBINIER.

Enfin, m'en voilà débarrassé !.. je suis libre !.. Eh bien ! ce jeune homme, beau-père ?

RAVINET.

C'est fini... je lui ai fait entendre raison !

HORTENSIA, bas à sa mère, en pleurant.

Ah ! maman, il est bien malheureux !

(On entend un grand bruit dans le cachot, un meuble qui tombe.)

Mᵐᵉ RAVINET.

La maison s'écroule !..

GOBINIER.

Eh non ! ce sont ces drôles qui se battent.

(On entend des cris.)

HORTENSIA.

Ah ! mon Dieu !

UN HOMME, entrant.

M. le Greffier.

GOBINIER.

Je n'écoute plus personne.

L'HOMME.

C'est une lettre de M. le Maire !

(Gobinier monte la prendre, et la lit pendant ce qui suit :)

RAVINET.

Ils sont deux !

Pichard, Gobinier, Mᵐᵉ Ravinet.

Mᵐᵉ RAVINET,

Mais oui... un autre... le frère du premier... bâti comme lui...

RAVINET.

Encore un ! ah ça, il en pleut donc !

GOBINIER.

Ah ! c'est le dernier coup... j'en ferai une maladie !

RAVINET.

Qu'est-ce que c'est.

GOBINIER.

Le Maire est parti... il a perdu patience !

RAVINET.

Ce n'est pas pour aujourd'hui !..

Mᵐᵉ RAVINET.

Quel malheur !

HORTENSIA, à demi-voix.

Mais non, maman !

RAVINET.

Alors, retirons-nous.

GOBINIER, les retenant.

Cela ne peut pas se passer comme ça... il faut que je retrouve le Maire, et qu'il vienne me marier tout de suite... que diable ! entre autorités, on se doit des égards... je cours moi-même...

(Il sort.)

## SCÈNE XIII.

LES MÊMES, excepté GOBINIER, MARTIAL.*

Mᵐᵉ RAVINET.

Et le repas de noce, mon Dieu ! qu'est-ce qu'il va devenir ?

RAVINET.

Oh ! dans ma colère, je le mangerai tout seul !

HORTENSIA, apercevant Martial qui entre doucement par la porte du jardin.

Ah !

RAVINET, avec effroi.

Ah !.. qu'est-ce que c'est encore ?

HORTENSIA.

Rien, rien, mon papa !

(Pendant ce qui suit, Martial s'approche d'Hortensia, sans être vu.)**

Mᵐᵉ RAVINET, à demi-voix.

Ravinet !

RAVINET.

Hein ?

Mᵐᵉ RAVINET, de même,

Chut !.. sais-tu que ce jeune homme, marqué au B, comme mon gendre...

RAVINET.

Cet ouvrier ?..

Mᵐᵉ RAVINET.

Non, le fat... il m'a fait peur !

RAVINET.

Et l'autre donc !.. Il m'a donné des idées !

Mᵐᵉ RAVINET.

Pas possible !

HORTENSIA, bas à Martial.

Oh ! prenez garde !

MARTIAL, bas,

Ce retard, c'est un avis du ciel ! refusez...

* Ravinet, Mᵐᵉ Ravinet, Hortensia.
** Ravinet, Mᵐᵉ Ravinet, Hortensia, Martial.

M<sup>me</sup> RAVINET.

C'est désagréable de donner le bras à un...

RAVINET.

Il paraît qu'il battait son premier beau-père!

MARTIAL , bas.

Si vous m'aimez !..

HORTENSIA.

Mais le moyen ?..

RAVINET, se retournant.

Tu dis ?..

(Martial à genoux est caché par Hortensia.)

HORTENSIA.

Je dis, je dis que c'est bien désagréable d'é-
pouser un homme... comme M. Gobinier!

(Martial lui baise la main.)

RAVINET.

Bah ! si tu es heureuse !

MARTIAL , se trahissant.

Mais non !

RAVINET.

Que vois-je ?..

M<sup>me</sup> RAVINET.

Ah ! ciel !.. Ma fille ! Je tombe de vingt-cinq
pieds.

RAVINET.

Et moi, je ne tiens plus sur les miens.

HORTENSIA.*

Mon père !

MARTIAL.

Vous exigiez un établissement, une position,
Madame.

M<sup>me</sup> RAVINET.

Ma fille est promise... elle est mariée, ou c'est
tout comme... le contrat...

HORTENSIA.

Ma mère !

RAVINET.**

Ma femme a raison !.. Le notaire y a passé,
nous épousons un greffier du quartier, si je re-
tirais ma parole, il me flanquerait à l'amende à
la première contravention.

HORTENSIA.

Oh ! j'en mourrai de chagrin.

M<sup>me</sup> RAVINET.

Laisse donc !

AIR :

On n'en meurt pas, (BIS.)
Tiens, moi, quand j'épousai ton père,
J'aimais quelqu'un de bien... hélas!

RAVINET.

On n'en meurt pas, (BIS.)
Et des traits qu'on pouvait me faire,
Moi, je n'eus pas peur, au contraire,
On n'en meurt pas. (BIS.)

M. et M<sup>me</sup> RAVINET.

On n'en meurt pas. (BIS.)

## SCÈNE XIV.

LES MÊMES, PICHARD , en femme très bossue, et
parlant très vite.

PICHARD.

Ah! ah! Où est le commissaire? (Arrêtant

Martial par le bras, au moment où il allait sortir.)
C'est vous ?.. vous sortiez... je vous arrête !..

MARTIAL , voulant se dégager.

Mais non, ce n'est pas moi !..

PICHARD, bas.

C'est moi.

MARTIAL , étouffant un cri.

Ah !

M<sup>me</sup> RAVINET.

Qu'est-ce que c'est que ça ?.. *

RAVINET.

Encore une bosse ?.. Ah ça ! elles nous poursuivent donc, aujourd'hui ?..

PICHARD, se retournant, à Ravinet.

C'est vous ? Bonjour, mon commissaire !.. (A
M<sup>me</sup> Ravinet. ) M<sup>me</sup> la commisseuse , mes très
humbles respects, et la compagnie !..

RAVINET.

Permettez, bonne femme...

PICHARD.

Merci, mon commissaire, je ne m'asseois pas.

( Elle s'assied. )

RAVINET.

Mais...

PICHARD, parlant avec beaucoup de volubilité.

Ah! ah! sac à papier ! Est-ce heureux que
j'aie su ça par un ferblantier d'à côté qui me
connaît. Tiens , c'est vous, mame Bombé, qu'il
me dit...

RAVINET.

Bombé! encore!

PICHARD, de même.

Toujours ! Bombé !.. veuve Bombé, c'est
mon nom... Ah! ah! vous arrivez bien ! Votre
garçon est arrêté , qu'il me dit — Bah ! que je
lui dis... comment donc ça ?.. Pas possible !..
— Des farces ! qu'il me dit ; les jeunes gens ,
c'est jeune, ça aime à rire. Mais c'est bien sûr
et certain que c'est lui, votre Narcisse. Je n'ai
pas vu sa figure, mais je l'ai reconnu tout de
même par derrière. De vrai, son agrément saute
aux yeux !.. Dame! ça vient de famille... On ne
se fait pas... ( A Ravinet. ) N'est-ce pas ?..

RAVINET.

Quel moulin !

PICHARD, offrant du tabac à M<sup>me</sup> Ravinet.

En usez-vous , la grosse ?

M<sup>me</sup> RAVINET.

Merci...

PICHARD , continuant très vite , à Ravinet.

C'est un démon, ce petit Narcisse; ça n'a pas
de défaut , mais ça boit, ça joue, ça fait des
horreurs !.. C'est mon cadet, je l'aime... Vous
savez ce que c'est, mon commissaire ; vous
m'avez l'air d'une bonne pâte de père de famille... Je cherchais un petit logement de ces
côtés-ci, tout simple ; ces gueuses de loyers sont
si chers! Une pauvre veuve! Et le terme arrive
si vite !.. Mais je connais votre cœur, vous ne
voudrez pas retenir mon enfant pour des bê-
tises... ( Pleurant. ) Voilà déjà dix-huit fois qu'on
me l'arrête depuis quinze jours...

RAVINET.

C'est un déluge !.. Mais, M<sup>me</sup> Bombé...

* Ravinet, Hortensia, Mme Ravinet, Martial.
** Hortensia, Mme Ravinet, Ravinet, Martial.

* Hortensia , Mme Ravinet, Ravinet , Pichard, Martial.

PICHARD.

Veuve Bombé, mon respectable commissaire...
veuve tout-à-fait!.. C'est bien malheureux pour
moi! Veuve à vingt-huit ans, avec onze enfans
sur les bras.

M<sup>me</sup> RAVINET.

Miséricorde!

PICHARD.

Onze... et tous bombés, comme moi!

MARTIAL.

Tous!

HORTENSIA.

O ciel!

PICHARD, gaiment.

Oui, onze, mon commissaire... onze!.. Et
si mon pauvre défunt eût vécu, je n'en serais
pas restée là. Ah! ah! je peux le dire, Bombé,
le roi des hommes, bombeur de verre, il gagnait
gros!.. Vous l'avez peut-être connu, mon commissaire, estimé d'un chacun, quoiqu'un peu
déjeté du côté gauche... Oh! ai-je adoré cet
être-là. (Pleurant.) Il avait pour moi tant de
soins, tant d'égards... et un enfant par an...
quelquefois deux... Nous faisions fortune!..

RAVINET.

Mais, M<sup>me</sup> Bombé... (Interrompu par Pichard.)
Ah! il n'y a pas moyen de placer un mot.

PICHARD, parlant en même temps que lui.

Vous ne connaîtriez pas une place de suisse
pour être portier?.. Ça m'irait comme une mi-
taine... d'autant plus que vous pourriez répon-
dre de ma moralité... mon excellent commissaire... Ah! Dieu! la Bombé!..

MARTIAL.

Ainsi, bonne femme, vos onze enfans sont...
comme vous?..

PICHARD.

Oui, mon bel homme... C'est héréditaire,
c'est de famille, c'est dans le sang, ça se trans-
met comme la fortune... et même mieux... La
fortune s'en va... la bosse reste! et ça ne baisse
pas, au contraire... ça ne fait que croître et
embellir... Mon grand-père en avait une petite
sur l'épaule, à gauche... Ma mère l'avait plus
étoffée, à droite... Et moi, vous voyez... en
plein!.. C'est gentil!..

M<sup>me</sup> RAVINET.

Bonté divine!

HORTENSIA.

Et vos enfans?..

PICHARD.

Ils sont tous superbes!..

RAVINET.

Parbleu! je les ai vus... C'est hideux!

PICHARD.

Air de l'Ambassadrice.

Ils sont aisés à reconnaître!
C'est une race d'Apollons.
J'ai cinq filles qui semblent être
Sous cloche... comme des melons.
Et mes six garçons,
Charmans polissons,
Ont des petits dos
De petits chameaux!
Ils naissent toujours
Comme les amours,
Avec un carquois..

Et même, je crois,
Que mon dernier fait
En a deux, ma belle!
Cher amour! il est
Nourri de mon lait...
Plus tard ce sera
Un polichinelle!..

RAVINET, parlant.

Un polichinelle!..

PICHARD, continuant.

Bien sûr, il les a;
On les sent déjà.

HORTENSIA, parlant.

Ah! l'horreur!..

M<sup>me</sup> RAVINET, de même.

Quelle famille!..

PICHARD, continuant.

Derrière et devant,
Un double agrément.
Quel progrès! Vra'ment,
Il sera charmant.

TOUS.

Derrière et devant,
Un double agrément.
Quel progrès! Vraiment,
Ah! c'est effrayant!

PICHARD.

Le gros dos toujours
Sied bien aux amours.
Et, vraiment, rien n'est beau
Comme un petit bosco!

MARTIAL.

Je vous en fais mon compliment.

PICHARD, riant aux éclats.

Ah! ah! ah! mon commissaire!..

## SCÈNE XV.

LES MÊMES, GOBINIER.

GOBINIER.

Eh vite! eh vite! tout est prêt!

RAVINET.

Eh! allez-vous-en au diable!.. Tenez, voilà
le greffier.

PICHARD.

Bah! ce l'est, là?..

GOBINIER.

M. le Maire prenait sa demi-tasse... il est re-
venu; tout est prêt.

PICHARD.

Oh! c'est ça, sac à papier!.. Je le reconnais... Il l'est aussi, comme son père!..

TOUS.

Comme son père!

PICHARD.

Et ses enfans le seront comme lui!

HORTENSIA.

Oh! maman.

GOBINIER.

Qu'est-ce que c'est?.. qu'est-ce qu'il y a?..
que veut cette femme?

RAVINET.

Eh! c'est la veuve Bombé!..

PICHARD.
Qui vient réclamer son sang, mon bon petit chou de greffier.

GOBINIER.
Ah ça! mais... il pleut donc des bombés aujourd'hui?..

PICHARD.
Vous avez arrêté un de mes fils!..

GOBINIER.
J'en ai arrêté deux.

PICHARD.
Deux! il y en a deux!.. Narcisse et Antinoüs!..

GOBINIER.
Oui, oui, deux garnemens! deux polissons! deux monstres qui sont de trop sur la terre.

PICHARD, riant.
Ah ben! ah ben! s'il fallait jeter deux pauvres petits chats à l'eau parce qu'ils ont gros dos, où seriez-vous, mon amour de greffier?.. dans les filets de Saint-Cloud.

GOBINIER.
Vous êtes une impertinente!

RAVINET.
Gobinier! Gobinier!

GOBINIER.
Je viens du poste... je n'ai trouvé qu'un petit rouget de la ligne qui montait sa garde... les autres faisaient une partie de quilles avec le caporal... Mais je les attends; ils vont venir pour empoigner mes prisonniers.

PICHARD.
Mes enfans! Si vous aviez ce malheur-là, sac à papier! je vous arracherais les yeux!

M<sup>me</sup> RAVINET.
Bonne femme!

GOBINIER.
Eh! laissez-la crier!.. Allons trouver M. le Maire!

PICHARD, se cramponnant à lui.
Vous ne sortirez pas... Rendez-moi...

GOBINIER.
Ah ça! c'est une conspiration! c'est une mystification!.. Je vais vous jeter à la porte!
(Il la saisit.)

PICHARD, riant.
Ah! vous me chatouillez!.. Au secours!.. il me chatouille!.. Vieux Sardanapale!

GOBINIER, l'entraînant.
Ah! tu veux que je te rende tes fils, malheureuse!.. Eh bien! tu iras les rejoindre!

PICHARD, en même temps que lui.
Au secours!.. vous êtes un rien du tout!.. au secours!.. Il est méchant... il est libertin... il me chatouille!.. Et sa gouvernante!.. et ses enfans, comme les miens!.. (M<sup>me</sup> Ravinet se récrie.)

CHŒUR.
AIR:

PICHARD.
Tremblez, car la fureur
Ici m'emporte,
Et me transporte.
C'est, vraiment, une horreur,
Craignez de causer un malheur.
Je ne suis pas d'humeur
A me laisser mettre à la porte.
D'une mère en fureur
Redoutez le courroux vengeur.

M<sup>me</sup> RAVINET et RAVINET.
Fuyons, car la fureur
Ici l'emporte,
Et la transporte.
Redoutons un malheur;
Pour ma part, je meurs de frayeur.
C'est, vraiment, une horreur;
Mettez-la bien vite à la porte.
D'une folle en fureur
Évitons le courroux vengeur.

GOBINIER.
Je ris de la fureur
Qui la transporte,
Et qui l'emporte.
J'y suis fait, par bonheur,
Et le bruit ne me fait pas peur.
C'est, pourtant, un malheur
Que je ne puisse avoir main-forte.
D'une femme en fureur
Je saurai bien calmer l'ardeur.

MARTIAL., à part.
Pauvre garçon!
(On entend dans le cachot les trois voix : Maman! mes enfans!.. ma mère!)

GOBINIER.
Oui, oui, embrassez-vous... battez-vous!..

## SCÈNE XVI.

GOBINIER, M<sup>me</sup> RAVINET, HORTENSIA, RAVINET, MARTIAL.

HORTENSIA, bas à ses parens.
Ah! quelle horreur!.. une famille pareille!..

GOBINIER.
Et, maintenant, allons nous marier...

HORTENSIA.
Non non! J'étouffe! je n'irai pas!

M. et M<sup>me</sup> RAVINET.
Ma fille!

MARTIAL.
Hortensia!

GOBINIER.
Plaît-il? Hortensia!

HORTENSIA.
Oh! jamais! jamais, après ce que je viens d'entendre ici... Une famille pareille... des horreurs de père en fils! Ah! vous aurez beau faire, jamais je ne serai la femme d'un... de M. Gobinier!..
(Elle sort.)

GOBINIER.
Plaît-il?.. Jamais... (Arrêtant M<sup>me</sup> Ravinet, qui va pour sortir.) Mais, Madame...

M<sup>me</sup> RAVINET.
Eh! Monsieur... on nous a dit, sur votre compte, des choses qui sont vraiment effrayantes pour l'avenir de ma fille. (Elle sort.)

GOBINIER.
Mais M. Ravinet!..

RAVINET.
Moi... moi! que diable... Je vais tâcher d'arranger ça... mais si vous croyez qu'on se soucie d'être le grand-père d'un polichinelle!..
(Il suit sa femme et sa fille.)

GOBINIER,
Comment! d'un polichinelle!.. (A Martial.) Mais vous avez dit : Hortensia!

## SCÈNE XVII.

### GOBINIER, PICHARD, MARTIAL.

PICHARD, *entrant par le fond, avec son premier costume et sa valise sous son bras.*

M. le greffier, voilà la garde qui arrive !

    *(Il fait des signes à Martial.)*

GOBINIER.

Ah ! enfin ! En attendant une explication, je vais me venger de tout le monde sur les Bombé. *(Regardant Pichard.)* Encore un !.. Je te défends de mettre les pieds chez moi !..

PICHARD, *bas à Martial, lui tendant la main.*

Êtes-vous content, mon maître ?

MARTIAL, *de même.*

Oh ! merci... Mais comment avez-vous fait ?

PICHARD, *bas.*

Et la fenêtre... et le mur... Je grimpe comme un chat... Chut !..

GOBINIER, *quittant la porte.*

Ah ! ce sont eux, mes gaillards ; vous allez la danser !.. *(Regardant Pichard et Martial.)* Des intrigans que je ferai arrêter aussi !.. *(Entrant dans la prison.)* Venez, drôles... venez... Eh bien ! où sont-ils donc ?

## SCÈNE XVIII.

### LES MÊMES, LE CAPORAL, QUATRE HOMMES.

LE CAPORAL.

Par ici ! par ici ! où sont les délinquans !..

PICHARD, *frappé d'une idée.*

Ah ! il veut nous faire arrêter !

GOBINIER, *dans la prison.*

Ah ! vous vous cachez, drôles !

PICHARD.

Là, mon général... un méchant vieux bossu, qui fait des infamies ! qui bat tout le monde... Prenez garde !

MARTIAL.

Ah bah !

LE CAPORAL.

C'est bien, c'est bien ! on le pincera... Attention !

GOBINIER, *sortant.*

Envolés ! la mère, les enfans, toute la nichée !

LE CAPORAL.

Arrêtez-moi ce bossu-là !

*(L'orchestre joue l'air une première fois.)*

GOBINIER, *se débattant.*

Hein ? qu'est-ce que vous dites ?.. Mais non ! mais non !..

MARTIAL.

C'est ça ! bravo ! bravo !..

PICHARD.

Tenez-le ferme !

LE CAPORAL.

Ah ! tu bats tout le monde, toi !

GOBINIER, *criant.*

Mais non ! lâchez-moi !.. Au secours !.. Je suis... je suis...

LES SOLDATS et LE CAPORAL.

*Air : Roule ta bosse.*

Qu'on emporte
Ce gaillard-là !
Nous serons là, pour lui servir d'escorte ;
Qu'on emporte
Ce gaillard-là,
Bien fin, morbleu ! qui nous l'enlèvera !

PICHARD et MARTIAL.

Qu'on emporte
Ce gaillard-là !
Tenez-le bien, craignez qu'il ne s'emporte !
Qu'on emporte
Ce gaillard-là,
Dans le quartier, chacun applaudira !

GOBINIER, *criant, emporté par les soldats, et pendant le chant.*

Au secours !.. Mais c'est une indignité ! vous aller me casser quelque chose !.. Lâchez donc !

*(On l'emporte malgré ses cris. Martial et Pichard tombent assis à force de rire.)*

## SCÈNE XIX.

### PICHARD, RAVINET, HORTENSIA, MARTIAL, M^{me} RAVINET.

RAVINET.

Mais c'est donc un enfer !

PICHARD.

Le greffier est arrêté !

RAVINET.

Ah bah ! c'est un méchant homme !

M^{me} RAVINET, *entrant.*

C'est un débauché !... Viens, mon enfant, sortons de sa maison !..

HORTENSIA.

Oh ! je ne demande pas mieux, sortons !.. *(Apercevant Martial.)* Ah !

RAVINET.

Quoi ?

MARTIAL.

Eh bien ! Monsieur, me la refuserez-vous encore ?

M^{me} RAVINET.

M. Martial...

RAVINET.

Ma foi ! puisque ma fille vous aime !..

HORTENSIA, *vivement.*

Oh oui !.     *(Elle s'arrête.)*

PICHARD.

C'est clair.

RAVINET.

Puisque vous avez un établissement...

PICHARD.

Savon de Windsor fabriqué à Vanvres !

M^{me} RAVINET.

Et surtout puisque vous êtes mieux bâti que M. Gobinier...

PICHARD.

Droit comme un I... Des enfans superbes !

RAVINET.

Épousez-la, embrassez-la, et que ça finisse !

PICHARD.

Eh allez donc !

## SCÈNE XX. –
### LES MÊMES, GOBINIER.

(Il rentre, les vêtemens en désordre, la cravate défaite, le chapeau enfoncé, au milieu des éclats de rire de la foule qui s'arrête en dehors.) *

GOBINIER.

C'est une indignité ! c'est une infamie ! Ah ! si les Bombé me retombent sous la main... (A la cantonnade.) Merci, mes amis, merci... (Revenant.) Sans eux, j'allais en prison !.. (A Ravinet.) Ah ça, beau-père !

RAVINET.

Touchez là !.. je ne suis plus votre beau-père...

Mme RAVINET.

Voici mon gendre.

GOBINIER.

Madame !.. c'est une trahison... mais je me vengerai !.. je saurai...

MARTIAL, lui prenant la main.

Vous taire !.. Il faut montrer au moins, qu'on a le moral bien fait.

PICHARD, venant près de lui.

Quand le physique laisse à désirer !

GOBINIER.

Monsieur !.. Je rage... j'ai commandé le dîner de noce... Et puis, je veux me marier... il faut que je me marie.

PICHARD.

Alors, je vous conseille d'entrer d'abord dans un établissement orthopédique.      (On rit.)

GOBINIER.

Drôle !.. c'est un Bombé !..

PICHARD.

Tiens !.. et vous ?.. (Très gaîment.) A table ! et vive la joie ! Vive les amis ! Vive les B...raves gens !.. c'est moi qui prendrai la jarretière de la mariée !

PICHARD, au public.

Air des caquets. (AMBASSADRICE.)

J'ai boxé, je me suis fais battre,
Pour vous donner de l'agrément,

* Pichard, Martial, Gobinier, Ravinet, Mme Ravinet, Hortensia.

Messieurs, je me suis mis en quatre,
Mais c'est à votre tour, à présent.
   Je m'adresse à vous,
   Public juste et doux,
   Vous que j'aperçois,
   Bien faits et bien droits,
   Vous êtes heureux,
   Soyez généreux;
   Et si, par hasard,
   Ici, quelque part,
   Il nous est tombé
   Par inadvertance,
   Un confrère en B,
   Un monsieur Bombé,
   Je suis convaincu,
   Que pour sa vengeance,
   Ce noble inconnu,
   Rit comme un bossu.
   Ah ! grands ou petits,
   Bien ou mal lotis,
   Bien ou mal bâtis,
   Soyez tous gentils;
   Claquez pour l'auteur,
   Claquez pour l'acteur,
   Et force bravos,
   Frappez, j'ai bon dos.

CHOEUR.

En ce jour, tout s'arrange,
Pour cet hymen si doux,
Car ici rien ne change,
Que le nom de l'époux.

PICHARD.

Air : Ma Fanchette. (INCONVÉNIENS DE LA DILIGENCE.)

J'ai crié, je me suis fait battre,
J'ai boxé comme un garnement,
Enfin, je me suis mis en quatre
Pour vous donner de l'agrément,
Si grace à ma protubérance,
J'ai mérité quelques bravos,
Du plus gai théâtre de France,
Réveillez encor les échos,
Frappez ferme ! (TER.) J'ai bon dos !

FIN.

Imprimerie de Madame DE LACOMBE, rue d'Enghien, 12.

# PIÈCES DU RÉPERTOIRE DRAMATIQUE EN VENTE.

Le Toréador, coméd. en trois actes. 60
Miss Kelly, comédie en un acte. 30
Le Cheval de Créqui, comédie. 40
Breteuil, comédie mêlée de vaudev. 30
Un neveu s'il vous plait, folie-vaud. 30
La grisette et l'Héritière, comédie. 50
Le Belle Limonadière, coméd-vau. 50
Les Avoués en vacances, vaudeville. 50
Au bout du monde, coméd.-vaud. 30
Les Trois Muletiers, mélodrame. 50
Fragoletta, comédie-vaudeville. 50
Le Lion du désert, en trois actes. 40
Ma Bête noire, vaud. en un acte. 30
L'Amour d'un ouvrier, drame. 40
Le Bigame, drame en trois actes. 60
Le Prince d'un jour, vaudev. un acte 30
Les Premières armes de Richelieu, comédie en trois actes. 50
La Folle de Waterloo, drame. 30
Le Marchand de Bœufs, vaudeville. 40
Un Cas de concience, comédie. 60
Giuseppe, drame en cinq actes. 40
Les Pêcheurs du Tréport, vau lev. 30
La Maupin, comédie en un acte. 30
Le Paradis de Mahomet, vaudeville. 30
Eva, drame lyrique. 50
Paul Darbois, darme en cinq actes. 50
Suzanne, opéra en quatre actes. 50
La Première ride, vaud. en un acte. 50
Les Maquignons, vaudeville. 40
Le Grand-Duc, proverbe. 30
L'An Quarante, revue en un acte. 20
La Famille Fanferluche, vaudeville. 40
Mignonne, comédie en deux actes. 40
Je m'en moque comme de l'an 40. 30
Le Tremblement de terre de la Martinique, drame en cinq actes. 50
Les Iroquois, revue en un acte. 20
Premier début de Dazincourt. 20
L'Habit de grenadier, vaudeville. 20
Le Maître à tous, comédie. 30

Trois Épiciers, vaudeville. 50
Un Souper tête-à-tête, comédie. 30
Lauzun, comédie. 50
La Cardeuse de matelas. 30
Deux Filles de l'air, puff en 2 actes. 30
L'Orangerie de Versailles, comédie. 40
Le Mari de la Fauvette, vaudeville. 30
La Fille du régiment, opéra-com. 50
Le Dernier Oncle d'Amérique, v. 20
Bianca Contarini, drame en 5 actes. 50
Le Chevalier de Saint-Georges, c. 50
Les Roueries du marquis de Lansac. 40
Le Zingaro, opéra. 50
L'Abbaye de Penmarc'h, drame. 40
Carline, opéra-comique trois actes. 50
Vision du Tasse, scène en vers. 20
Les Pages de Louis XII, comédie. 30
Attendre et Courir, vaudeville. 30
Delphine, drame-vaudeville 2 actes. 30
Indiana et Charlemagne, vaudeville. 50
Le Dompteur de bêtes féroces. 30
Francesco Martinez, drame. 40
Les parens d'une danseuse, vaudev. 20
La ferme de Montmirail, pièce milit. 40
Une femme sur les bras, vaudevill. 30
L'Enfant de la Pitié, drame. 40
La Grand'Mère, comédie, trois act. 50
Sous une porte cochère, folie-vaud. 30
A la vie, à la mort, vaudeville. 30
La Mère Godichon, vaudeville. 50
Les Trois cousines, vaudeville. 30
L'Homme heureux. 30
Un jeune caissier, drame. 40
Denise, drame. 50
Mazagran, pièce militaire. 40
Un bal aux Vendanges de Bourgogn 30
Une Femme charmante, comédie. 30
La Dame du second, vaudeville. 30
Louisette, vaudeville. 40
Une Révolution d'autrefois, tragédie 40
La Meunière de Marly, comédie. 30

Les Enfans d'Adam et d'Ève. 30
Misère et Génie, drame. 30
Un Service d'ami, vaudeville. 30
La Perruche, opéra-comique. 40
Les Merluchons, comédie. 30
L'Élève de Presbourg, opéra-comiq. 30
L'École du monde, comédie. 50
Ango, drame en cinq actes. 50
La Marchande à la toilette, comédie 40
Zanetta, opéra-comique en trois act. 50
Le nouveau Bélisaire, vaudeville 30
Les Garçons de recette, drame. 50
L'Autre, vaudeville. 30
La Guerre de l'Indépendanc, dra. 50
Jean-Bart, vaudeville. 30
Marcelin, comédie-vaudeville. 50
Iphigénie, comédie-vaudeville, 30
Jarvis, drame. 50
Dinah l'égyptienne, drame. 40
Rifolard, vaudeville. 40
La Servante du curé, vaudeville. 30
Les Paveurs, vaudeville. 40
La Calomnie, comédie. 60
Cyprien le Vendu, vaudeville. 30
Les Mystères d'Udolphe, vaud. 40
L'Honneur d'une femme, dra. 50
Le Cent-Suisse, opéra-comiq. 30
La Grisette romantique, vaud. 30
Marco, comédie-vaudeville. 40
La Croix de Malte, drame. 40
La journée aux éventails, comédie. 40
Mon Gendre, vaudeville. 30
L'Opéra à la cour, opéra. 50
Japhet, comédie. 50
Bob, comédie. 50
La mort de Gilbert, drame. 40
Eudoxie, comédie. 30
Les Caprices, vaudeville. 40
Montbailly, drame. 50
La Grisette au vert, vaudeville. 30
Le Chevalier de Kerkaradec. 30

Grisette de Bordeaux, vaudeville. 30
Matelots et Matelottes, vaudeville. 30
Mégani, comédie. 40
La Fille de Jacqueline, comédie. 40
L'Automate de Vaucanson, opéra-c. 30
L'Enfant prodigue, comédie-vaud. 50
Le Marie de la Reine, comédie-vau. 30
Le Chevalier du Guet, comédie. 50
Treize à table, vaud. 30
Le Mirliton, féerie. 50
Rosita, comédie-vaudeville. 40
Toby le Sorcier, comédie-vaud. 30
Trianon, comédie. 40
La Porte secrète, drame. 40
Juliette, comédie. 40
Reine Jeanne, opéra-comique. 40
Souvenirs et regrets. 30
Flagrant délit. 30
L'Amour en commandite. 30
Brigand et Philosophe, drame. 50
Comte de Mausfeld, drame. 50
Les Guêpes, revue. 30
Ralph le bandit, mélodrame. 60
Charlot, comédie. 50
86 moins un, vaudeville. 30
Si nos femmes savaient, comédie. 30
La Tailleur de la Cité, comédie. 40
Mmes Cam...s; Folie. 30
Pauline, drame. 50
Mme de Croustiguac. 30
Montaisier. 30

En vente : Les 4 premiers volumes du RÉPERTOIRE DRAMATIQUE, formant la collection de l'année 1840. Ils sont ornés de portraits des principaux auteurs et acteurs. Prix : 6 fr. le volume.

## PIÈCES EN VENTE DE LA MOSAÏQUE.

Une Chambrée de Savoyards 30
L'homme qui tue sa femme. 30
Le Garçon d'écurie. 40
La descente de la Courtille. 30
La paix ou la guerre. 30

Torrino le savetier, drame. 40
La Mère Saint-Martin, prologue. 30
Le Retour de Saint-Hélène, àprop. 20
Les vieilles amours. 30

Le docteur de Saint-Brice, drame. 40
Les Invalides, vaudeville. 30
L'habit fait le moine. 30
Un jeu de dominos. 30

Mazarin, comédie. 30
Le Lierre et l'Ormeau. 30
Dernier vœu de l'Empereur. 30
Premières et dernières amours. 40

# NOUVELLES A LA MAIN

*Un Volume in-32 Jésus, paraissant le 20 de chaque mois.*

Le troisième volume a paru le 20 février dernier.

PRIX { Pour Paris. . . . . . . 1 fr. » le volume; 12 volumes, 12 fr.
Pour la Province . . . . 1 fr. 15 le volume; 12 volumes, 13 fr. 80

Les personnes qui souscriront à l'avance pour 12 Volumes, ou une année entière, recevront l'ouvrage franco à leur domicile, soit à Paris, soit dans les départemens. — (ÉCRIRE FRANCO.)

Notre époque n'est pas plus pauvre que toute autre en ridicules publics et privés, en aventures piquantes; la politique, le monde abondent en faits curieux qui n'ont pas encore trouvé un observateur caustique, un conteur bien informé. Les journaux, avec leurs nécessités politiques, avec leurs préoccupations littéraires, n'ont ni l'espace, ni le temps de donner asile à toutes ces révélations, à tous ces récits intimes dont s'amuse la société. Les *Nouvelles à la Main*, dont le titre est si heureusement emprunté au dix-huitième siècle, remplissent cette lacune. Une immense variété de sujets qui embrasse les secrets de la politique, les hommes publics éminens par leur position ou par leurs ridicules, le monde, ses mœurs et ses caquets, une appréciation philosophique et gaie de tout ce qui se passe, une connaissance exacte de détails inconnus et qui voudraient l'être, ce sont là les élémens d'une publication semblable, ce sont déjà les conditions qu'elle remplit.

# HISTOIRE DES THÉATRES DE PARIS.

En vente : HISTOIRE DE L'AMBIGU-COMIQUE, un volume in-32. Prix : 40 cent.

www.ingramcontent.com/pod-product-compliance
Lightning Source LLC
Chambersburg PA
CBHW050726070726
47597CB00009B/3809